소담소담

소담소담

감정의 물들임

김영훈 시집

좋은땅

나의 인생은 거의 기쁨이었어. 상대방의 찬사도 아끼지 않았지, 아는 즐거움을 크게 좋아라 해서 책도 어느 정도 읽는 젊은이였어.

또한 고해성사 자리에서 신부님께, 신이 존재하는 걸 못 믿겠다고 고해한 맹랑한 말괄량이 어린이였어.

신부님은 말괄량인 걸 알아보고 회개로 방청소를 맡겼어.

그 회개도 미뤄가며 겨우 채웠던 게 생각나.

학교를 졸업하고 취직을 했는데 사회가 녹록치 않더라. 많은 상처를 입고 운동을 하는데 허리도 다쳤었어.

누워서 어떤 이 하나 상처받게 안 하고 착실히 산 거 같은데 왜 이런 불상사만 일어나나 싶었어. 그다음 남을 탓하지 않고 나를 돌봤어. 내가 미안한 일은 한 적은 없나 후회하고 반성했어.

하지만 취업하기는 무서웠어. 이미 나이는 먹을 대로 먹어서 하루 바삐 일손이 필요한 곳만 나를 고용하려 했어. 가면 적응이나 할지 모르고 그만큼 힘들어서 나오는 곳이라고 판단해서 겁을 먹었어.

그래서 좀 급여가 적어도 일이 편한 곳만 취업해서 생활비를 벌었어.

내가 일방적으로 희롱, 억압을 당했는데도 나도 그런 죄를 남에게 짓지 않았나 먼저 찾는 모습이 아름다워 보였나봐.

힘든 나날에도 친구 집에서 맥주 한잔하고 집에 올 때였어.
심정지가 온 후 다시 깨어났어. 밤거리 선 상태에서.
그 후 26일 동안 먹지도 자지도 않고 시간을 보냈어 집에서.
신이 나로써 행한 첫 기적이었어.

무슨 뜻으로 이렇게 기적을 보여주신지 몰랐어. 모른 채로 지금도 살고 있어, 지금 생각해보면 힘있게 내일을 향해 일하는 사람들에 비해 못나 보여서 징벌로 새 삶을 내리신 거 같아.

그 후 엄마의 환갑잔치가 있었어.
다시 기적이 있었어. '자신의 모습에 역겨움을 느끼다니'라고 천지가 공명하며 허공에서 음성이 들리게 말씀하셨어.
무슨 뜻일까. 다시 또 고민했어
아직도 못 찾고 있어.
환갑여행이 있었어. 뿌꾸옥으로의 여행이었는데 물에 둥둥 떠다니다 구름 모양이 동물 모양으로 둥실둥실 떠돌아 기분 좋아 "천국이라고 하면 천국이지. 천국아. 열려라."라고 하니 비바람이 뿌꾸옥 북부에 내려 숙소로 돌아왔어. 돌아오며 거기서 살고 싶었어 한국에서의 내 한 자리가 없어 너무 힘들어서 포기하고 싶어서야.
　너무 나약하지만 어쩔 수 없었어.

　갔다 온 후 집에 누워 나 혼자 '천국가고 싶다'라고 말하니 그때 우리말을 하는 남자 중년 목소리의 천사가 날 보러 오셨어. 배를 밟으셨어. 그때부터 사람에게 말을 아끼는 습관을 들였어. 조금 오래 걸렸지만 인터넷은 교양 있는 것을 보게 됐고 정신은 맑아지고 능력이 나오기 시작했어. 아무 말씀 없이 기적을 쓰면서까지 포기하지 않고 기다려 주심을 보여주셨어. 나에게 무엇을 바라는지 잘 몰랐어, 지금까지. 불평불만 그 자체인 줄 아셨을 거 같아.

　모세는 나일강을 건너 10계를 정했어 해외여행을 카타르를 지나쳐서 와서일까, 예수님의 성지순례길을 다녀와서일까. 내가 축복 받고 봐주시는 이유에 대해서 아직도 궁금해.
　날 해코지하는 집단을 넘어 주변사람까지 그 영향이 가니 기적으로써 바로잡으려고 하시는 것 같아.

　나는 주변 이들을 다독이다 이제 책으로써 가르치려고.

　주께서는 당신들의 아픔을 다 알고 계십니다.

　뿌꾸옥에서 숙소에서 아○○ 뮤직비디오에 같은 장소에 번개가 같은 자리에서 2번 치며 하트로 변하는 것을 봤어.

　많은 돈을 지불하고 팬싸인회에 가서 보니 장 양 등 뒤에서 후광이 비춘 걸 확인했어. 결혼할 여자라는 속설이 있는 그 기적이.

　하지만 그녀는 너무 바빴고 어디있는지도 찾을 수가 없었어. 돈을 다 쓴 뒤라 폐인 상태로 있는 걸 기적으로 보기도 한 것 같아. 꼭 이어지지 않더라도 내가 부지런히 남에게 덕 있고 아가페 있는 생활을 하는 것을 바라신 걸 이제야 알았어. 삶은 활기차게.

　다른 분들도 한말씀 하시러 방 안에 스스로 가둔 나를 구하러 오셨어. 다른 권능 있는 분들도 음성과 감정을 나에게 다 드러내셨어. 벌이 없게 처리하심을 계시하셨어.

　왜 그녀인지 모르겠지만 배울 점이 많아 좋은 짝이 될 듯하기에 이어 주어서 챙기려는 마음이신 것 같아. 장 양이 잘나지도 않은 날 봐주진 않을 것 같지만 기적까지 써주셨는데 열심히 살면서 답이 올 때까지 기다리려고 마음먹었어.

  팬싸인회 때 가져간 첫 번째 편지와 꽃은 이미 잊은 것 같으니 다시금 바치는 편지이자 시야.

편지1

입이 떨어지지 않습니다
마음을 알 수 없습니다

편지2

첫눈입니다
하얗게 켜켜이 나리네요
순결히 설피듯 덮혀 쌓이네요
왜 당신인가요 천사 같은 마음인가요
저는 천사가 아니에요 급하고 미숙함이 많아요

편지3

오늘은 밤하늘에 달이 없네요
어른이 되었습니다
서늘해서 울적하네요

편지4

감정은 원하지 않게 흐릅니다
메아리 친 말은
포근히 내려주세요
항상 기다리고 있습니다

편지5

눈빛이 수줍어서 우아합니다
입술은 수줍어 떼지 못합니다

편지6

먼 곳에서 높게
빛나며 나를 부르나요
와주지 않는 섭섭함은 나를 망치네요

편지7

보고자 하는데 보이지 않습니다
늦은 사랑과 정성을 전합니다
함께 있길 원합니다
찾아와 머물러주세요

편지8

사랑의 아픔
돌리는 시선에
서글피 웃음만 나오네요.
멋쩍게 달아오른 얼굴은 차게 식겠죠.

늦은 저의 초대장을 편지로 보냅니다. 언젠간 만나겠죠.

문득 집에 원한 있는 귀신도 온다는 걸 알았어. 옛날에는 전쟁에 다툼, 고문도 많아 극한 슬픔을 겪은 자 같아 집안을 괴롭히는 건 그만두고 더 이상 슬프지 않게 살길 빌어줬어.

아빠의 1년 연봉이 없어졌었지. 받을 길도 없거니와 살아서도 괴로웠는데 죽어서도 떠돌면서 가여운 마음이 들었어 하지만 집안이 기울어 축객령을 내렸어.

유익하다

나 자신이 가족을 바로서게 하고

주변이 바로서게 하며

그 후가 바로서면 유익하다 할 만하다

이 세상에 우리는 어스야, 함께 신의 품에 안기자.

얼기설기 엮여서 가지 말고 시키는 대로만 하는 동물이나 아무것도 모르고 욕심만 부리는 아무거나 다 보이는 대로 먹는 해충처럼 굴지 말고.
첫 단계야. 산책하기. 이렇게 아름다운 살기 편안한 세상에, 시대에 태어난 걸 축복하자.

혼자 산책하는 걸 좋아해.
찰나의 순간에 빛, 사물, 격동의 에너지 있는 순간,
밤에는 달을, 오후에는 은은하게 새어 들어오는 볕을 보거나 아침의 새소리, 낮의 화사한 풍경을 보면서 산책했어.

다 내가 좋아하게 된 것들이라서.

요즘엔 밤 하늘도 올려다보는 걸 좋아하게 됐어.

목, 팔에 선선한 바람이 비단처럼 지나치며, 각기 사람을 스치우고. 비단 바람에 잘 어울리나 하나같이 귀중히 여겨주지.

삶이 잘 안풀리는 아해들아. 고민하지 마.

성직자들은 성당, 교회, 절을 잘 유지해오고 신의 말씀을 공부해온 사람들이야. 너희들의 기도가 닿을 수 있는것은 신이고 열심히 구도하는 성직자들에게 기도하는 게 아니라 훌륭하신 신께 자신의 아픔을, 감정을 전하는 것이야. 결국 아름답고 훌륭한 말씀으로 사람들을 이렇게 평화롭게 유지한 것이야.

거창한 뭔가가 아니라 소박하게 밥 한 공기처럼 소담소담 담은 밥처럼 살고 아름다운 것을 많이 보고 많이 익혀. 그럼 그걸 가진 사람은 당신이야.

내 짝이 장 양인 걸 알았어.
발걸음이 왜 이리 날아갈 듯하니
손은 왜 날갯짓이니.
아무것도 못 해주는 나인데
창밖에 나리는 눈들이 다 내 축복이구나.

여기까지 나의 메시지야. 이제는 내가 신에게 혹은 이 시를 읽는 이들에게 내는 이끌림 받은 편지고 시야.

자신이 칠 수 있는 대로
신문고를 쳐보자.
하루 내내 쳐도 십만 번이다.

하느님은 빅뱅 때 존재하신 게 맞다면 160억 년 이상 존재하셨다. 그 어마무시한 시절 속에 혼자셨던 것이다.
구원은 항상 있다. 항상 우리 곁에 있고 싶어하실 것이다. 그

세월 꾸준히 계속 우리를 살피고 계신 것이다.

　또한 신과 같은 감정도 공유해봤다. 엄청난 분노가 느껴졌었다. 고요한 때에 많이 영적 계시가 내려와 진실이야.
　누구에겐지 어떤 면인지는 잘 모르겠다. 나는 100% 해당될 것이다. 한심하기 그지 없어서 화내신 것 같았다. 그때도 힘들었는데 지금은 구원받았다는 것을 안다.

　젊어서 극한 슬픔이 있었다.
　낙오감, 배신감, 희롱, 보복
　하지만 그들과 싸우지 않고 스스로를 돌아보고
　오히려 내 잘못을 살피고 스스로를 살폈다.
　그때 하나님이 나를 보아주시기 시작했다.

　직장은 시와 편지를 쓰는 바드가 되어 하느님을 찬양하려는 거겠다. 물론 작곡도 조금 해놨다. 완성이 안 돼서 그렇지.

바드

각성, 다짐
쌓이고 쌓이는 시간
완성되는 나

외워두세요. 하느님은 당신을 보시고 찾으실 겁니다.

변태가 되지 않는 방법은 사람들이 격식을 차리는 곳에 많이 나가는 것 입니다. 옳은 말, 격식, 품위 있는 옷.
옳은 방향으로 사는 법과 옳게사는 사람을 많이 접한다면 바르게 사는 삶이며 길을 헤매지 않을 것입니다.

반짝인 순간은 잠깐인가요. 영원인가요. 영원한 사랑으로 영원하길.

아가페

포기할 수 없는 사랑,
본능이 선율처럼 울다
모아 품고 싶은 마음
가슴에 모아지는 손

Crowd

이어 내려 남아있는
합쳐 태동하는 아름다움
늦어서 미안해

지켜봐주세요
사랑스러운 뺨의 솜털마저
따뜻하게 산들거려야 합니다
봄처럼 포근히

Pain

팔로 감싼 이유는
다름인가요

계속 보는 이유는
관심인가요

겨울의 막바지

너무 고마워하는 것도 싫고
아픈 걸 보는 것도 싫고
추한 걸 보여주는 너도 싫어

싫다… 행복해

새벽 넘게 데려다 주곤 했지 거의 매일
난 좀 더 있자고 했고 너는 출근해야 한다
투닥투닥 싸우곤 했어
많이 앉아 있었지
너도, 나도, 마음도

사랑의 푸념들
넌 날 비웠는데
나로서 울리면
영혼이 우는구나

울게 하지 말자

사람은 망각의 동물이다.
그 사랑스럽던 고양이의 생김새도
방금 생각난 호프집도
마음을 적시우는 것은 고양이다. 호프집이 아니다.

잘 잊는 건 축복이 아니야.
하나하나 귀중하게 모아 살면서
쓴웃음 나와도 같이 사는 거야.
버리더라도 그게 자기의 호감이야.
여기서부터의 나의 덕이자 아가페이다. 삶을 바르게 사는 법이다. 권능을 갖고 계시는 수호천사분들도 많이 알려주시고 성현들도 많이 영감을 주셨다.

욕심

눈에 밟히는 대로 갖고 싶고
잘해주어 갖고 싶은 마음은 착한 욕심이다.
명심할 것은 하고 싶은대로 다 하고, 좋다고 쟁취하고 책임감 없이 버려대는 삶을 원하는것은 사람의 정신과 마음이 쏠려 자신의 자아가 뭉게지는 것이다.

변태 같다라는 말이 있다.
모습이 변한다는 말이다. 사람은 자신의 욕심의 정도가 있다. 나는 이것을 기품과 성품으로 나뉘었다. 왕족처럼 어려서부터 좋은 것, 엄한 것을 자신들이 정해서 기품 있어 보이는 것이 기품이다. 이런 사람은 자신의 마음대로 해도 일반 사람이 보면 기품 있어 보일 수밖에 없다.
성품이다 이는 정승 정도나 가능할 정도이다. 자기나 주변에서 선대가 복이 있어 스스로 좋은 것을 찾아 자신에 맞게 입혀야 가능하다.
마지막은 서민이다. 글은 알아서 후에라도 자신의 잘못은 알고 하지 말아야 할 것은 나중에서야라도 알아듣는다.
권능을 가지신 분들이 오랜만에 이 땅을 보신 건지 쭉 보고 문제였던 것이었는지 새로운 삶인 만큼 변화에 조금이나마 도움을 드리려고 이 시를 씁니다.

기품

품이란 무엇인가
품고 있는가
품어 내는가

깊이란 무엇인가
깊기만 하면 깊이인가
깊게 하면 깊이인가

기워진다는 건 무엇인가
기울어진다는 것인가
얽어놓는다는 것인가
말은 어렵게 나옵니다
쉽게,
아무나,
아무렇게나, 아무에게나

마음이 맴돌면 쏘세요
입을 모아 정성스럽게

생각에서, 고민에서, 정리해서
마음에서, 숨을 모아, 다가가 습관처럼

너보다 잘산다
보다 잘산다
다 잘산다
잘산다
산다

하나씩 포기하고 자기가 진실로 함께여야 할 것을 찾으세요.
위의 시에서 앞글자 하나씩 빼봤습니다.

사람은 무엇으로 사는가

공감하기에 같고
맞다기에 옳은 것이 되고
시키기에 해도 되고
알기에 쟁취하고
잃지않으려 같아진다

무엇에 같으려고 하는가

유클리드

얼마나 끈끈한가
얼마나 부드러운가
얼마나 자유로운가
계산이 가능한 것인가. 끝없이 잘해줘라, 나에게도 남에게도

진실
오동통한 새는
분주히 무리 지어
마른 낙엽을 먹고 몸을 챙기고

늙은이의 광대 위 검버섯은
웃음이 헤펐나 보네요

저 새 떼들은 따뜻하고 오손도손, 주린 배를 채우러 갔을 뿐인데, 왜 사람이 부러워 할까
새들은 사람을 두려워하지만

사람이 새의 비상을 동경하는 것을 그들이 몰라서 그런다

새는 영양을 채우려 낙엽까지 먹고
추워 얼어 죽을까 옹기종기 모여있다 날이 풀리면 날아간다
새의 움직임에 급함이있던가
새들도 사람 곁이 따듯해 사람 곁에 거리두고 살고 있다

나의 단점

뜨겁지 않아도 죽은 것
단단히 서지 않아도 죽은 것
자유롭지만 누르지 않아도 죽은 것
조화롭지 않아도 죽은 것

지도사유

낙오, 다양한 아픔, 순간의 아름다움, 다른 주어짐, 감정의 물들임.

현자처럼 학생이자 주도하는 삶을 사는 사람은
자기 생각과 상황을 자신의 방식으로 자유롭게 처리한다.

배우다 만 보통의 사람은 주변에 대해 관심도 없는 데다 어떠한 메시지도 없다.

어떤 이는 장난으로 유희를 한다.
유희는 행동의 파장이 될 수 있고 알지도 못하게 군중이 움직인다.

군중은 바보도 될 수 있다.
자기 스스로 공부해야 한다. 자기 스스로 깊이 살피는 것이 첫 번째 공부다.

이뻤어

사랑 한 아름 속에서 태어나
다들 한다는 공부, 일, 여행, 친구
다 할 만큼 했는데 늦어버렸어

얼굴은 살이 빠지고
몸은 노쇠했어

그렇다고 새로이 할 일도 없어
아름다움을 봐
지금 아름답고 주변도 아름다워

뭐라도 해, 살아있어, 아름답고

자존심

몰랐어
긴장했어
하지만 당기고 있어

알았어
점점 갖고 싶어

Drip

떨림은
쥐고 펴

숨은 맥못추고
걸음은 길에 뉘이나니

for babymonster 라미

OK

돌리는 시선에
빨려들어 가네요

웃음이 나와
그냥 마음이 좋네요

XX

정지된 시간

다가간 거리

긴장한 땀은 거꾸로

사랑의 조건

내가 사랑하는 것은 전부 주지 못해

내가 사랑하는 것들은 다 말하지 않아
내가 사랑하는 것을 같이 사랑하면 좋겠어
그게 같다는 거니까
같다면 같이 있지 않아도 같다는 거야
내가 사랑하는 것은 많아
날 사랑한 시간들

어운이 좋다. 고요함 정, 나의 직설적 급한 마음 다 치료되니까
바람이 좋다. 선선히 기분 좋게 나리는 것, 몸이 시원하고, 다 좋다
물이 좋다. 전부 씻어내린다

상

너도 없고
네도 없다
내가 있기에 니가 있다

네가 있으니
내가 있다
네가 있기에 내가 있다

가슴에 저며드는

황금빛 저민
구름에 발 대니
뭉개어 흩어졌습니다

저며드는 마음 모아
다시 한번 살피니,
두근대는 맘이 저려

또 뭉개어졌습니다

군청

보니 너였고
보니 니가 아니었고
다시 너를 보고

보니 니가 아닌 게 너였고
보니 한때의 너였다

궁금해

바스락 밟는 소리에
시작한 밝은 날은
새로운 호기심

너무 이른 새로움
오늘 보니 새로운 궁금증

젊은 날

눈 우산

두껍게 펼쳐진 하얀 오늘도
걸음 멎은 자리에서 보니
같은 날

내일 뭐 할까

저 격랑의 파도는
나의 마음을 아리고
파도치게 해

저 격량의 파도는
내 영혼을 집어삼킬 듯해

마음부터 정신 끈, 영혼까지 끄는 존재

장난스레 끝낸 건가요.

저는 장난 안 해요.

당신이 상처받았을까봐요.

몬티 차르다시

몽주
슬픔의 모서리는 뭉뚝하다
흐르는 활은 내려앉고
끝은 내려앉다

어린 여자

이쁘다
너 이쁘다
그치 이쁘지
기쁨의 중첩

여행

손등에 앉듯
살랑인 건
손가락인가요

손에 쥔 건 없어요

surrender

태동하는 감정
뭉클이 늦은 울림,
찾아오는 태동

연홍시

보고 있지만, 알고 있지만

알고 보고

알면서 보고

느끼진 않지만 둘이 있고

골든아워(sing)

모래는 따스하고
흐르는 유려함에
반짝임은 마음을 사로잡아
마음 고요히

이따금 들려오는 아름다운 울림은
마음까지 뭉클해
시간 가는 줄 모르네

고생하는 사람들

앉기 위해 많은 일이 있었나요
가끔은 일어나야 합니다

사람은 일어나 있습니다
서있네요

첫마디

살며시 가는 마음은
그 사람의 마음이 됩니다

아름다운 마음은
말로 나옵니다

노래가 갈수록 좋아지네요

jie

나를 위해 노래했나요
사람을 위해 노래했나요
당신을 위해 노래했다는 걸 앎니다

나만 들을 수 있는 노래를 갖겠습니다
서안에 가겠습니다
golden hour

표정은 뾰루퉁,
갈색 눈은 빛나며
다른 곳을 보고
뭐였더라…

시들지 않는 꽃이 싫네…

여행

발걸음이 가벼워
눈을 두니 새롭고

발을 두다보니
사람은 풍경이 되고

시간은 쏜살같이 지나가
정신을 차려보면

고단함에 헤매어
지혜를 구하고

자신에게 깃들면
즐거움이 깃드네

손님

초라한 건가, 초라하지 않은 건가
좋을 건가, 좋았던가
긴 대화의 부재

집중

놓다
원하다
꿈같은 걸음
놓아주지 않길 바라다

찬미

새로운 것에 대한 찬사,
정,
새롭지 못하다.
정,
새롭게 열리는 기쁨

1987

오해로 전달되는 감정
해결하기 힘든 고민
침묵 속에 갖힌 아픔
입에 담기 힘든 미안함

새로운 울림
사람은 무엇으로 화를 내는가

누구에게, 왜, 무엇 때문에

굶주림은 화를 준비한다
따스한 기운만이 그 화를 다스릴 수 있다

추위는 몸을 웅크리게 한다
보호하는 것은 무엇으로 지키는가

춥지만 얇은 옷을 입어야 하는 사람들이 너무 힘들 거라 생각한다
지성이라면 화를 부르면 어떻게 되는지 생각해야 한다

자신을 낮추다

끝없는 인생의 즐거움

방해받지 마라
방해하지도 마라

심성과 행실은 자신의 무시이고
자신의 입에서의 한마디 말은 방해 그 자체다

반짝이 눈

한 아름에 안고 싶었다
내 마음이,

사람의 인연이 귀하다는데
손을 내기를 거부하는
우리라는 존재는
인연이고 싶었다

모름지기 마주하지 않아도
마음이 서로 향하면
같은 우리일 수밖에 없다

흐르다

너무 멀리 흘러 아픈 건지
세게 닿아 아픈 건지

깎이는지
단단해지는지

볼걸 그러지,
가끔 있는 일인데

밤 하늘

짜증 오른 생명은
오르고 내려앉아
새로이 단장하고

서늘한 공기에 구름은 멈춘듯
박동하는 건
구름 사이 별 하나

Saturn

누구도 당신의 마음을 모릅니다

오래된 이들에게

피카소

하나의 사물을 보는 건
하나의 정물을 보는 것

분열된 면을 인식하는 것은
분열했다는 인식

분열된 정물은 곧
하나의 사물

캐노피

흐름은 뉘이고
시간은 멈춰

시선은 하늘로
긴장은 가라앉아

바람 한 올 불어오면
고요해, 느낄 것은 바람뿐

레오나르도 다빈치

그대의 생동감은
표현되었는가
고민되었는가
기억에 남는 사람

나는 고요한데
생각이 움직여
마음도 가고

발길은 가고
반가움이 있고

발길은 돌아
익숙함에 또 웅크리네

보금자리

오면 가볍게
새콤한 스콘에 루이보스티 한 잔

편하게 책 한 권과 담소
웃음 나오게

저녁은 좋아하는 걸로
내가 꿈꾸는 신혼집

열변을 토하다 - 학행즉견상심

내가 여기 서있는데
서려고 많이 힘들었는데

내가 왜 서있는지 생각이 들면
뭐가 잘못됐는지 말해주렴

주려고 했던 건 말도 꺼내지 마라
손가락은 열 개다 열 번 받은 것 다 토한다

사람이 돼야 하는 이유 - 무지반태은

구름은 흘러가며
귀여운 지저귐은, 웃음을 짓게 하고

사람은 새를 보고 따스함을 느낀다
따스함을 느끼는 사람은 굶주리는가
굶주리는 사람은 어디로 향하는가

결국 따스하기에 따스하다

굶주리고 상처받은 사람은 웅크리기에, 펴야 한다.
피는 법을 알려줘도
피는 건 자신이다
고로 바르게 살아야 한다
퇴원 후 첫 산책

낮은 청명한데

볕은 달리 찌뿌둥…

문득 새소리가 맞아

담배 한 까치에 턱에 군침이 살살
동네 한 바퀴 뛰어볼까 하지만
마음만 먹고

높이 나는 기분은 피아노 소리에,
미소 지음으로…

어둠이 내려앉다

떠내려가는 구름
한 번의 눈부심
내려앉는 고요함

벚꽃

꽃잎이 날리면
무엇을 보나요

사람이 보나요
서로 보나요

재미없어
그들을 봅니다

섭섭해서 텁텁함 한 입, 부드럽게 머금습니다

낮은 고목에도 따스함이

바스락 밟는 소리에
시작한 밝은 날은
새로운 호기심

너무 이른 새로움
오늘 보니 새로운 궁금증

젊은 날

셰리넬

사랑…

낯선 소리에
풍경의 어울림일까
서로의 마주침일까

비둘기 부부

싫은 날씨
싫은 기분
눈이가는 순간, 기쁜 발견

옆의 한 쌍
누군가 좋다 하지만

나는 싫어
마음이 가지 않네

물길

지류는 거스를 수 없고
와류는 생기기 마련이고

와류가 뻗으면
장엄하고

흐르는 것은 씻어주며
씻긴 것은 정순하고

정순은 회자된다

우에서 좌로 글을 썼던 건 정으로 새겼던 기초에서 발상되었다

오래지만 바랐던

왜 강해야 하는가

손으로 쥐기에 손이고
흔들리지 않기에 팔이다

숨을 힘들게 내쉬는 건
내가 너에게 보였기 때문이다

어떠해 보였건 말하지 말라

안다면 흘려도 된다
왜 정확해야 하는가

희생

내가 힘들고 초라하다고 스스로를 내던져
나를 구하시니
나는 누구를 구해야 하는가

아름다운 이야, 왜 나를 아프게 하느냐
옆에서 손을 내민 이야
왜 내 시선을 이끄는가

고개 숙여, 다시 고개를 드니
주변에는 아무도 없더라

감정의 물들임

다양한 아픔,
낙오,
순간의 아름다움…
다른 주어짐……

감정의 물들임

출사표

어긋남이 남을 찌르면
법으로 벌해야 하고

스스로 어긋나면
어긋나지 않은 이가 가르쳐야 하고

모두 어긋나면
어긋남을 알려야 한다

집필의 이유

살아있는 그대로

저 이는 모습은
다른 형태이길 바라고

그대로의 모습은
다른 형태를 지지하지 못해

바꾸지 않으면 무너질 형상이지만
무너지지 않아 자세히 기울이면
어딘가가 바뀌어있네

남과 같이한다는 것은 하나가 잘못되면
모두가 잘못된다는 것이다

어질 인 자는 사람을 곁에 두려면 깊은 학문을 기초로 학문이 깊은 자를 곁에 두라는 것이다. 성품이 맑아지고 학문은 깊고 인재는 더 모이게 되어있다

깊은 학문이란 무엇인가?
글로 써서 배우는 가르침이다

1. 몸을 정결하게 하고 바르게 남에게 보인다.
2. 몰래, 이 정도는, 남들도 다하는 이런 말들을 과감히 던져 내야 하고 행동을 정의롭게 옳게 해야 한다.
3. 자신이 헛되이 알지 않고 깊게 알아야 한다. 앎이 적거나 깊이가 얕아도 바르다면 그 말을 알아듣고 바르거나 깊어질 수 있다.
4. 헛되이 목표를 잡아 헛되이 자신의 시간과 자원을 쓰지 않는다.
5. 네 자신을 알라, 즐거운 호의깊은 대화, 베품의 기쁨이 생길 것이다.

조상들이 말을 쉽게 남겼다. 숨을 꿀떡 삼키면 마음을 먹었다이고 작심은 그 계획과 실행이다. 작심을 하면 딱 3~5일만 고민하고 준비한 다음 시작하는 게 추진하기에 좋다.

새벽안개

유지하지만 잃어가는 것을 모르고
각성하고 도전해서 쟁취하지만
헛 쥐는 세상

스케이트

섰는가
내딛는가
내딛었는가

마음이 좋아

마음을 낮게
다시 봐도 멋있게
이는 마음이 울고
뜨거움은 돌아
좋은 삶

진경

마음에 풍경이 울려
켜켜이 쌓인 손안을 잠시 두고
말 한마디에 세상이 울린다
기지개 한번이 너무 컸다

홀로 서기 위해

나를 잊어가며 잃지 않으려
목을 할퀴어 소리 질러

자신도 알지 못했던 스스로의 맨몸이 드러나
숨기지 않아
계속 앞으로 나아가기 위해
나라는 조각을 남기며 날아올라

베텔기우스 for 강남

나들이

코끝이 아릿,
뒷목이 저릿

머리가 저릿,
온몸이 주룩

아 다시 가는가
아 다시 가야 하는가

아 여기가 와야 하는 곳인가
필요한 건 시원한 냉면과 갈비

섬재

들이킴 한 번
내뱉음 한 번
정성 들여 마음을 다해
떨림 하나 감정하나 정교하게

음악수업

거꾸로 도는 동작
충혈된 눈과 아귀는

초점을 잃어
기댈 곳을 찾아……

자라나는 새싹들에게

풀이 무성하면 아이는 곤충 잡고
튀어나온 곤충은 포식자 동물이 잡아먹어야 하는데,

애들아 운동 좀 해
포식자고 벌레고 한 번 건들여놔

벌레 커져… 형 못 잡아…

재점화

돌아온 보금자리는 사뭇 서늘했고
돌아올 때의 희망 찬 마음 한편이 좀 더 후끈했다

내 사랑도 그리하길
푸르륵

주둥이는 맑고
하는 말은 지나가나 거추장스럽진 않고
세계에 자기 본성을 드러내다

상전벽해

걱정하는 마음

아무 생각 없이
사람이 행동하는것은
본성인가

그 본성은 무엇으로 행동으로 바뀌는가
사람이 무거운 게 아니라
자리가 무겁고 논하는 게 중하니

사람이 깊게 고찰하고
중요한 사람들이 도움을 준다

다 벗이라면 벗이고 의인이라면 의인이다

폐인

몰랐어
하기 귀찮아
먼저 그랬어
다 그래
거짓말이야

아프다…

핑계

들어는 봤어,
나도 하고 싶었어,
그럴 이유였어, 이젠 이유가 많아

담배를 못 끊는 이유

격랑

차가운 이에게
따스하게 준비한 격랑

안정된 이에게
일렁이는 물결
격동하지만 모르게 나와버리는 버릇

잔잔한 물결은 시선을 두면 어디에나

경주하여

좋게 먹인 말은
무리가 쫓고

땅에 구른 말은
하늘을 보며 발을 구른다

익숙한 말은
경쾌하며 기품 있다

쉬는 말은
무리를 보면 고개를 숙이고

초원을 노니는 말은 뒷걸음 치지 않는다

천둥번개

마음이 아프면 무엇으로 치료하는가,

내리꽂는 순간에도 멈출 때가 있는가

벽력은 한순간이고
움추리는 건 모름이기 때문이다

자연은 같다고 하지만
사람이 이해할 수 없기에 같은 것을 볼 뿐이다

호기롭게 이해한 것을 내뱉지만
말은 말이기 때문에 말이다

모습은 모습이기 때문에 모습이다

플랜A

마주 서 마음을 내어주다
받다, 고요히

얼굴이 달아나다
내다, 급히

플랜B

적셔진 관성에 지쳐
웅크려 품으니

오롯이 나는 일어나
총총걸음은 딪는 마음

밖은 어떨까 기대는 마음에
빙그레 거꾸로 돌아

웃는 얼굴 굳은 얼굴
시작은 생각대로
끝도 생각대로

플랜C

오롯이 서있네요
다가간 건가요 마주한 건가요

왜 부족하다 말하나요
떨어지는 입이지만 같지 않네요
귀 담아 듣지만 정성스레 말하지 않네요

봐서 좋네요

이립

까치발

조심해야 하는 이유,

같은 땅을 밟고 있고
내가 밟고 있다

조심할수록 민첩했고
성장한 나로 서있을 수 있다

살포시 누르는 건 지축이다

근사치

별이 쬐는 이유는
흩어짐일까
아픔일까
성장일까

무적

긴장과 긴장을 잇는 것은 무엇인가
무엇으로 건들여
어떤 조화를 내는가

흩날리는 마음에
걸음을 내고 다가가

바른 무엇은 바른 긴장을 만들고
바른 이음은 바른 음을 낸다

따듯한 날에 서로의 집중을 흩날리는 것은
사람의 마음을 뉘인다

내 마음은 호수 1

근심, 가라앉히다
고요함

휘둘러 딛다, 가볍게
즐거움, 가볍게
근심, 가볍게

내 마음은 호수 2

정신에 정순한 물을 내던져주오
나는 차고
흐르는 것은 어디로 가는지 보지 못하오

정결하기에 정결한 것이 흐르는 것은 압니다

사람은 갇히기 마련입니다
오늘은 고요합니다

아가페를 원하다

같이 살고 있음은
같음인가 다름인가
아,
왜 나를 할퀴나요

외유내강

느슨하면, 굳혀야 한다
굳어지는 것은 단단하며
부서지더라도 굳세었기에 단단한 것이다
식물 같은 생물도 새로 식생이 나오면 영양이 좋기 마련이다

싫은 것도 좋아져

내가 싫었어
싫게 보여

내가 좋았어
좋게 보여

생각해보니 좋았어
역시 좋았어

Sober

깊은 학문이란 무엇인가
맑은 정신
맑은 마음
찰나

왜 나무를 긋고 긋는가
자라야 하는데

왜 조급히 손이 가는가
익지도 않았는데

왜 시선을 두는가
다른 것이 익고 있는데

한랭전선

분주히 정답게 지은 집은
쓸쓸히 목메어

새는 소리없이 맴돌고
빨간 단풍은 시들어 매달리지만

결국 집은 덩그러니

포장

자신의 기쁨을 주장하며,
기쁨은 어디까지가 기쁨인 건가

기쁘지 않으면 권리를 잃은 것이라고 하는 것인가,

문 연 듯 회의감에
미래가 없어 좌절하면
행복을 잃는 것인가

고심 끝에 움직인 것은 무엇인가

처음 봤어요
당신 같은 사람은

당신은 무덤덤히 싸인만 했지만

아무 말도 못하고
멍하니 쳐다만

그저 그 자리에서 있는 그대로

백보창술

백 번을 지른 창은
막힘이 없고

자연스레 든 발은
감히 접근을 경계하며

발을 내리면
다음 적이 없어라

당신의 목소리, 시선
마음이 그네도 타고 시소도 타고

아픈 상처는 냅두기엔 상처가 곪는다
그렇다고 아무나 만지면 더 악화된다
상처 받지 마라 아프지도 마라

부모님께 함부로 대들지 마라
다 처음이라 서툰 거다
매일이라 지루하거나

찌르르 우는 여름의 계절이 오고 있습니다.
저를 초라하게 하지 말아 주세요.

마음마저 찌르르 말라버릴 테니까요.
그녀가 저를 초라하게 보는 게 싫네요.

저에게는 하나님 당신의 사랑이 느껴지기 때문에
군말 없이 따를 수 있습니다.

가정의 평화란 어렵습니다.
저희 부모님도 두 분 다 환갑이 넘었지만 다투십니다. 기쁜 소식이나 선물을 해보세요. 가정이 평화로워집니다.

기적의 그녀만 생각하면 가슴이 펑 찢어저 공허한 기분입니다. 마음도 허탈해 만나서 대화라도 하고 싶습니다.

창공, 찰나의 아름다움
깊은 바다, 침음
조화, 온갖 것들의 천국
자체의 빛
상상키 힘든 보배, 보물 그 자체

내 마음은 호수요
마음 한 겹 내어 넘어 관심 오가면
내 맘 또한 물결치는 호수 되어
어지러이 흩어지니
앞이 막막해지네

결국 탐욕이란 자신의 정진과는 거리가 먼 단어다
 몸은 무겁게 마음은 가라앉은 물과 같은 마음에서 진정한 상대를 알 수 있다

자유시간

나누라 했지만
안 나눈 자유시간은
온전히 나의 것이다

포장지도
버리다 더럽힌 손도

달놀이

달 참 이쁘다
우리도 참 이쁘다
달 보지 말고 다른 이쁜 것을 볼까?
다 이쁜 걸 어떻게 해
무심결에 선선한 바람도 참 좋구나
바쁘지 않고, 낮엔 바빴지
불어오네 바람이

To. A

왜 이렇게 날 사랑했었니
너와 모든 것이 첫 번째였어
하나같이 기쁘고 자랑스러웠어

소식 없지만 잘산다 생각하니 다행인 걸까
아프고 울음 나오는 소식은 나에게 전하지 말아줘
니 옆에 있는 이들이 네가 나에게
해준 만큼이면 좋겠어

행복을 기원합니다

내가 너의 맑음을 망쳤을까 겁나

사람은 항상 착각을 해 자신이 잘하고 있다고
너는 그런 말 한번 못하는 어른인 척하는 친구였어
좀 더 이기적으로 살아도 돼

지난날을 돌이켰다 둘 다 뭘 잘해줄지 몰라
뻘쭘했다니 웃음이 나오네
내가 몰랐던 웃음이
좀 더 잘해줄걸, 좀 더 귀 기울여 줄걸
우리는 정신병자야
매달 나온 휴가를 한번은 친구들과
보리맥주 한잔하려한 비 억수로 내리던 날이었지

한번도 마중 나오지 않아 몰랐는데…

엇갈려 비에 흠뻑 젖은 너를 봤어
전에는 몰랐지만 그 장면이 생각날 때마다

가슴이 울먹해지네. 처음 신나서 몰래 나가있었을 건데

그때의 생각없는 나에게
널 위로하고 차와 함께 또 위로했어야 했어

하지만 짐승처럼 또 잠자리를 원했지
나는 그렇게 나밖에 몰랐었어

하지만 그 후에도 넌 행복했다고 말해줬어
그래서 결혼하자고 말한 첫 번째 여자가 되었지

마음아 요동치지 마라
세상아 요동치지 마라
요동아 멈춰다오
매일이 애달프다
그만치자 이제

개나리야 너는 당당하게 해를 향해 꺾여서 곧추 자라는데 민들레는 가지가 꺾여도 날릴 수 있구나 이제는 꺾이는 것도 싫어하지 않을게

내가 무심결에 준걸 그리 소중하게 보전할 줄 몰랐어
떠나는 날에 다 챙긴 줄 알았는데
당신을 외쳤어
헤어지는 길에 손길이 닿지 않을 거리에서 북받쳐 외쳐 불렀어 당신의 이름을

당신의 목소리, 시선
마음이 그네도 타고 시소도 타고
아픈 상처는 냅두기엔 상처가 곪는다
그렇다고 아무나 만질수록 더 악화된다
상처받지 마라 아프지도 마라

부모님께 함부로 대들지 마라
다 처음이라 서툰거다
매일이라 지루하거나

찌르르 우는 여름의 계절이 오고 있습니다.
제가 그녀를 볼 때 초라하게 하지 말아주세요.

마음마저 찌르르 말라버릴 테니까요.
그녀가 저를 초라하게 보는게 싫네요.

저에게는 하나님 당신의 사랑이 느껴지기 때문에
군말 없이 따를 수 있습니다.

가정의 평화란 어렵습니다.
저희 부모님도 두 분 다 환갑이 넘었지만 다투십니다. 기쁜 소식이나 선물을 해보세요. 가정이 평화로워집니다.

기적의 그녀만 생각하면 가슴이 펑 찢어저 공허한 기분입니다. 마음도 울고 만나서 대화라도 하고 싶습니다.

창공, 찰나의 아름다움

깊은 바다, 침음
조화, 온갖 것들의 천국
자체의 빛
상상키 힘든 보배, 보물 그 자체

내 마음은 호수요

마음 한 겹 내어 넘어 관심 오가면

내 맘 또한 물결치는 호수 되어

어지러이 흩어지니

앞이 막막해지네

결국 탐욕이란 자신의 정진과는 거리가 먼 단어다

몸은 무겁게 마음은 가라앉은 물과 같은 마음에서 진정한 상대를 알 수 있다

달놀이

달 참 이쁘다
우리도 참 이쁘다
달 보지 말고 다른 이쁜 것을 볼까?
다 이쁜 걸 어떻게해
무심결에 선선한 바람도 참 좋구나
바쁘지 않고, 낮엔 바빴지
불어오네 바람이

밤병정놀이

사부작 사부작
살짝 살
킥킥 웃는 소년, 소녀 아해들아

이미 말했다
아빠 안 잔다

시미센

고요함, 긴장감.
살포시 무너지는 균형감
독특한 처음, 그들의 노력
방출, 내뱉음. 여운으로 대체하는 당김
삐딱한 멋, 저력, 은연중 보이는 기본기

for SOME LINEZ

왜 나에게 웃어줬어?
아직 웃어줄 수 있어?

모과는 못생겼다

그래서 물 옆에 놓으면 싱그러워 보이는
방향제에라도 쓰인다. 당신도 사랑스럽게 보는 이가 많을 것이다. 길거리에만 활기차게 다녀도,

세상은 경쟁과 전쟁중이다.

정성 들여 글과 그림을 만들어 1초 만에 남에게 보이고 말과 글을 거짓으로 험한 말을 쓴다.
상대는 당신의 생각과 변태 같은 징그러운 것을 보고 살아나가야 된다.

러브 사이코패스

깊게 사랑한다는 건 뭘까?
신의 사랑, 부모의 사랑을 알았어
알려줘, 연인의 사랑을

살기 좋다

이백과 두보의 시에선 어린아이가 집 재산이 바늘 한 자루가 다여서 옷을 지어 먹고살까, 어른들이 예전에는 물고기들이 잡혀 풍족했다 하는데 다시 기다릴까 고민했다. 위대한 문학은 시대상의 표현으로 울림이 있나보다.

해결해야 할 문제

정치-바르게 자립하는 것.
모두 좋다고 여기는 것, 편한 것, 쉬운 것만 찾아 경쟁지대는 치열하고 나머지는 생활비만 벌 수 있다. 경쟁으로 물가가 낮아서 그렇지 정작 단체행동이 들어가면 나라가 망할 수 있다. 무언가를 숙달하는 것은 평생이다 한국은 교육의 의무와, 노동의 의무가 있다.

사람은 자신 있는 것은 보여줘야 하는 시대이다.
멋있게 다른 이들에게 멋있고 쿨하게
하지만 다 보여주면 상대는 옷을 벗는다.

태양풍

인격, 행실, 행태 좋게 보다
가도 한두 번의 화 한번, 상대에게는 계속 가는 상처. 서로의 거북함, 상처

상처받지 말라기에는 너무 받았고 미워하지 말라기에는 자신을 싫어하는 내가 이런 감정 가지면 동정한다. 울 것 같다 전하지 못해.
이런 감정은 덕이자, 아가페야, 이것은 네가 잘 살기 위한 말일 뿐야, 방법은 네 맘이야. 마음만은 행복에 의존해.

존엄이란

존재의 엄숙함이다
존재감이 존재해야 존귀함이다

마음아 요동치지 마라
세상아 요동치지 마라
요동아 멈춰다오
매일이 애달프다
그만 치자 이제

개나리야 너는 당당하게 해를 향해 꺾여서 곧추 자라는데 민들레는 가지가 꺾여도 날릴 수 있구나 이제는 꺾이는 것도 싫어하지 않을게 내가 무심결에 준 걸 그리 소중하게 보전할 줄 몰랐어.
떠나는 날에 다 챙긴 줄 알았는데
당신을 외쳤어.
헤어지는 길에 손길이 닿지 않을 거리에서 북받쳐 외쳐 불렀어. 당신의 이름을.

스스로 싫었다.
스스로 하려했던 것은 별로 없었지만 성현들의 가르침은 축복과 기적으로 이음받았다.
줄 수 있는 건 마음뿐이었다. 하늘나라와 주변도 함께하고 싶었다.
상대, 부모님과 주변인이 그리 말하니 그리 믿지.
그녀가 영리하다면 알 것이다.
친절하면 될 것이라고, 너무 초라해지면 안 될 것이라고.
발걸음이 계속 막히고 그녀 역시 바빠 무료해 글을 쓴다.

우리는 서로의 흑점이었을까, 태양광이었을까?
서로 떨어져 있어도 서로의 작용이 중요해.

나는 좋다고 했지만 너는 소식조차 알 수 없어.
답장은 무시했지. 하지만 그걸 또 모아두며 다시 편지를 쓰려 해. 그냥 내 마음이야- 서로의 마음이 너무 다쳤어.
돈, 인생, 사명 나도 알아. 그냥 춤추고 노래하기 좋아하는 어린 여자와 박해받은 청년 하나가 우리 영혼의 문제점을 해결했어야 한다고.
어린 여자에게 나보다 인류에서 능력 있다는 이 전부가 해야 할 일을 해낸 거야. 그냥 좋은 노래 좋은 춤이면 되는 것 같아. 사명은.

그냥 바람나서, 질려서 그런 사랑은 아니었어 서로 사랑하는데 둘 다 헤어져야 할 것을 알면서 서로 아는 이유로 사랑도 이유도 불사르는 그런 사람을 보고 싶다.

꿈같이 사랑했어.

네가 웃어줘서 내 마음이 웃었고

자꾸 같은 말을 하는 법에 익숙할 때 즈음, 서로를 다 알았다고 생각할 때쯤. 우리는 안 되는구나라고 울며불며 헤어진 사람이 있었어.

신들은 오랜만에 아래를 내려봤고 각자 원하는 것을 선물받고 있다. 한국은 사람, 인격체까지 공개되는 것 같다.

마루타 같은 지상 인격체에게 계약되었으나 높으신 분이 막은 것 같다.

모두 다른 나라 인종으로 천국의 나라가 있는데, 일시적으로 대립이 끊이지 않는 것도 마찬가지다.

지도자는 존재와 성품을 파악했고 지성체가 되는 법을 알았다.

마루타도 나는 당하다가 반항했다.

다시 수복하는 기적을 보여주셔서 안심은 하고 싶은데 교류가 생기면서 내가 많이 들어가는 것 같다. 날 위하든 위하지 말든 말이다. 나도 이렇게 첨예한지 모르고 장 양을 욕했다. 하지만 더 시험해보고 싶은 선의더라도 놀랄 만해야 하고 몰래 했으면 욕 먹을 일이란 것이다.

맑은 밤 밤하늘은 청명하여
바람은 스산하고 네 얼굴은 더 잘 보여.
가까이 더 가까이, 더 가까운 우리에 웃음이 지어져

선선한 바람이 불어요.
불현듯 당신이 생각나 씁니다.
거기는 시원한가요.

우리의 거리는 그만큼 멀고도 가깝네요.
가까워지고 싶습니다.

파종

노비고 선비고 군인이고 종자를 심어라
중요하고 연계되어 있고 옳다면 다 같이 해도 되는 걸까요

햇살은 쬐고
바람은 선들선들
널어둔 빨래가 흔들흔들
볕내리 쬔 내는 전미하고
아이들 웃음소리에 미소 가득

한 번 있던 아픔이
또 찾아오려 합니다.
세상은 돌고 도나봅니다.
아니면 세상에 제가 끼지 못하는 걸 수 있습니다.

저는 지금 불행합니다.
당신은 어떻게 지내는지 모릅니다.
일과표를 보니 힘이 됩니다.
웃음이 나서요.

다 알면서
다 어떤지 알면서
지켜봐주는 분은 계십니다.
왜 그런지도 모릅니다.
그냥 멋진 모습을 보여주고 싶네요.

동석

네가 궁금해서 네가 보고 싶어 왔어
오늘은 불쾌했어

세상은 성장하고
너 또한 성장해

스스로 불쾌할 짓을 하면 안 돼
성장하자

10년 넘게 있으니
죄 가족 같아.
어서 오란 소리가 절로 나오고
인생은 축복만 있는 게 아닙니다. 항상 사랑으로 아껴주세요.
날갯짓 하는 추위에
눈앞의 불빛은 화려히 만개해.
발은 촘촘히 돌아
마음까지 도네.

내 사랑의 고백과
당신의 사랑의 고백을 모아
서점 한 칸 방에 모아
조용히 팔고 싶네요.

당신의 기다린다는 것
수많은 별중에

나를 위해 빛나는 별을 찾는 것은 쉽나요?
저는 매일 별과 밤하늘을 봐요.
당신이 왔네요, 맞네요.

확실히 아침 먹는 사람이 힘이 넘쳐
그래도 난 안 먹어.

피아노 1

띄엄띄엄 정성스레 울리는 마음과
순박함은 아름다운 첫 선율을 보이네
연주에 주는 무거움은
격동 때의 자존감을 보여주네

소담소담
가장 이쁜 공기에 밥 고슬하게 지어
안 눌리게 가득
안주는 먹던 것에 반가움에
이야기 한 번 모자란 것 한 번
이야기 한 번 모자란 것 한 번
밤늦게까지 얼굴에 미소 가득

피아노 2

40만 원 피아노에 편곡된 명곡
아이같이 정성스레 처음부터 띄엄띄엄
정성스럽게 연주하니
곡은 부드럽고 날은 좋고
행운의 키스를 냅다 선물해 주고 싶다

태양이 하늘치 쬐고 있습니다
나름 잘 자란 풀들은 고개 내밀고
바람과 함께 왈츠를 춥니다
날이 더위와 함께 몸을 감아대어
풀들과 바람이 더 좋습니다
쫙 빠진 재킷에
뒤축을 툭툭 쳐대면서 사람구경 신나게
내 낡은 지팡이는 돌아가고
이제는 사람 곁에 친구 되어 머물지
사람이 당신을 지켜보길 바랐을까?

아 그래서 사람으로서를 가르치는구나

방글뱅글 여행 중
이쁜이 만나서 생긋 지켜주니
무얼 드릴까 매번 물어봅니다
아! 견인을 버리겠습니다
자유인을 목표로 하겠습니다

맴맴~ 매미 소리 울려 퍼지고
초록 순이 지천에 깔리면
찌르르 더위 무뎌지면 걷다가
걸음 멈추고 냉면집 들려 냉면 한 접시
겨울아 와라

스트레스는 어떻게 푸나요?
푹 자고 일어 일어나면

따뜻한 백사장에 도착해
내발에 따스히 갈려진 모래를 감고, 묻어보기도 하고요
하늘에는 구름이 몽실몽실,
지평선은 가슴에 손이 모아져서 놀랄 거예요

씻다

누군가를 씻어낸다는 것은,
그 더러움을 알고
덜어야 한다는 것을 아는 것이다
또한 그만큼 아끼는 것이다
하지만 자신은 그 오물 냄새가 배고
묻은 자는 기겁하는 일이다

망중한

후르츠 칵테일 도수 약하게 해서
살짝 구운 등심 스테이크를 먹고 싶은 날이다
아… 해변 가고 싶다… 이쁜 여자와 함께
가을은 혼자이기 싫다

가을이 온다
여름에 빨래를 구겨 얼굴에 담가보자
바스락, 보들보들, 솔솔
정수리까지 아릿아릿하다
끝나면 녹차를 차갑게 해서 한잔해야겠다
여름이니까

달걀볶음밥

너와 마지막으로 한 끼, 오므라이스
칼질 여러 번, 항상 뜨거웠어, 말하면 말할수록
따스함은 사라지는데 후회는 없어, 지금이라서
뻔하다

긴장 하나 없이 그냥 먹고 싶은 거 다 먹다가
껍데기 하나 두르고 짠 변해서 나비가 된다
나비가 되어서도 계속 노력해야 날아다닐 수 있다
멈추면 나비도 원하는 데서 날 수 있다

종이 비행기

선선한 바람이 불어요
불현듯 당신이 생각나 씁니다
거기는 선선한가요
닿지 못해 종이 몇 자로 연을 넣어봅니다

베네딕트에게
수십만 번 미사 집도 하고
성경을 잠을 쪼개가며 읽고 또 읽었겠지
조직도 다루며
평화와 판단의 착오는 있었어
하지만 화합과 평화는 많이 나아졌어 인권이란 테두리에서
식량과 에너지 패권 싸움을 조심해

사람은 각인시키며 가르쳐야 한다.

자신이 하는 일이 있더라도 마음과 몸은 튼튼히 유지하고 항상 다시 돌봐야 한다. 자신의 것이므로 자신이 태어나 갖은 이후로 계속 당신의 것이다.

세상에는 목소리 높에 주장하는 자들은 당신의 마음속에 외치는 것이다. 그런것에 귀기울여 주는 것 또한 마음 수양이다.

몸은 다 큰 자들이여. 당신의 현실과 주변에 마음을 열어줘 보자. 당신도 수행자이다.

오래된 성현들이여.
오래된 신들이시어.

잘못된 이를 구해주셔서 감사합니다.
주는 만큼 받는 것이란 걸 알았고 순수한 심성이 있다는 것을 알았습니다.

기분이 좋을 땐
뒤에서 안아주면 기분이 좋을 것 같아.
그래서 내가 해줄게.
앞에서는 항상 웃게 해줄게.

도수 낮은 술도 씁쓸합니다

턱에 남은 곰보 자국은
그가 얼마나 젊어서부터
고생했는지 나타난다.

텅텅 빈 그의 직장에서
그의 깍듯한 서비스가 싫다.

그래서 따끈한 백화수복을 더 마셔주고 온다.

인간

자신이 살아있음을 알고 느낀다는 게 인간이다.
너무 가슴 아프고 희망이 없기에
기쁘게 살자. 똑같이 살지 말고
떳떳하게 자기가 원하는 것을 쟁취하자.
해야 한다는 것이 있다는 것은 살아있다는 것이다.

다가오는 사람에게
안녕하세요. 많은 기대를 갖고 오셨지만
별게 없어 허무하실 겁니다.
사람들이 은근 모이기 시작했습니다.
어떤 목적인지, 어떻게 알았는지는 모르겠습니다.
많이 고쳐지고 배웠다지만 생활에 스며들게
지낼 수 있는지를 모르겠습니다.
마음마저 참아야 하겠네요.
그래요. 결혼할 때네요.

여성이 사회진출을 하려 한다.

인류의 출발은 아담과 이브 한쌍이다.

그 자손들도 마찬가지로 대부분 남자가 짓고 바꾸고 만들었다.

그러니 여성은 남성의 분야에 진출해도 남성에게 편하게 만들어져 있어 은근히 효율적이지 않다. 무겁고 높으면 여자가 못 쓰듯이.

여자의 재능은 근력, 지구력이 없는 대신 감정과 기억력이 좋다. 남성의 도움을 요청하면서 잘 나아가 보자. 어스니까.

Class

삼키다
알고 구분하다
점하다

형용할 수 없다

하나님은 에덴동산에서 첫 아담과 이브를 만드시고 돌봐주시다가 과수가 열리는 남으로 가다 애굽을 세우시고 고통받는 이를 구하시고 이제는 한국을 보고 계십니다.

그대의 마음, 옛 과거, 지금 생각, 미래 다 보실 수 있는 분이시니 적어도 불법은 저지르지 말아야 한다.

서로 찌르는 나뭇가지의 예로써 부탁을 하는 것입니다.

지금 하나님과 신들이 세계를, 한국을 더 살피시는 만큼 솔직하되 겸손하고, 원하는데 간절하고 소박했으면 좋겠습니다.

성경에는 천 년씩은 사셨습니다. 그만큼 포기 안 하시고 아낌으로써 우리를 보니 천국에 입장해 한 생을 더 살고 싶으시다면 지금 우리 보기 좋게 열심히 살면 당부할 바가 없습니다.

새벽에 별 하나 시렵게 아름다히 빛나네요.

손목에서 흘러내릴까.

머리에서 베일이 벗겨질까.

별들이 주목하는 고귀한 그녀.

언제나 당신을 사랑하겠어요.
가슴이 북받쳐 울음이 나올 정도로
먹먹하게 당신을 불러봅니다.
그리고 언제나 당신을 사랑하겠어요.

7월의 이름 모를 꽃

매일 다니던 길 모퉁이에
조용히 소박하게 자라난 꽃 한 송이는
시선과 약간의 황홀경을 일으키고

기약 없는 기다림은
나를 바꾸기에 충분한 기간이네

기약 없는 약속은 자연스레 이어지고
알 길 없는 마음을 잊음은 뒤로 하고
고작 목을 축이러 분주하네

꽃은 다시 고요히 소박히 바람을 벗삼아 홀로 있네

뜨다

떠오르는 것
문득 눈을 뜨니 볕은 들어와
이미 해는 떴고

생각기에 개일 것이 없어
천천히 아침을 뜨고

자리하고 마신 차에는
바지런 함이 떠있고

홀로 우두커니 있자 하니
문득 그립고 회의감이 드는 감정이
나를 옥죈다

그리운 이들을 만나 내 미련을 허공에 띄워보내야지

뭉게구름

밀리면 떠내려가는 게 이치이지만
부재하지 않는 존재는
더 성장할 뿐이다

무엇을 위해 미는가
왜 밀려야 하는가

부천 토박이

동으로 가는 물
북과 남은 나뉘었고
서는 메말라
발걸음은 동으로 가네

나는 존재가 아니기에 스스로 자리하지 못하네
하지만 이리 도와주셨으니
자리해야겠네

자리하니 모든 존재가 귀히 보이네

분수

이끌리는 대로
마음껏 하늘을 향해

의지대로 향해지는 것은
하늘아래 물웅덩이일 뿐

자신이 이끈다는 사람들은
보기가 좋네

살기에 잃어간다

한 줌으로 태어나
아프고 슬프고

그저 기쁨이 우리에게 더해질 뿐
사람에게 기쁨을 드립니다

아프지 말자
아프게도 하지 말자

울력

바깥에서 온 무리는
스스로도 찔러대어

홀로 될 때마다
움츠려 그늘진 벽에

눈물로 뭉개어
저미는 가슴을

알기에 슬프니
두 손으로 듣지 못하게 감싸 안아주렴

동은 곧 트나
오늘이 울력이었네

햇살의 일렁임

드리운 녹음에

아이의 웃음소리

새순을 지나 무성해진 잎사이로

걸음에,

오늘의 해가 반짝이며 울울거린다

반쪽짜리

자신을 돌보지 않는자가
어찌, 남을 돌보겠는가

남또한 자신을 돌보기 힘들어
나를 볼 수 없다

반달이 뜬 밤에
언제쯤 밝은달이 채워질까
내 반을 구하네

보이기에 반이지 돌보기에 하나다

소담소담

ⓒ 김영훈, 2025

초판 1쇄 발행 2025년 8월 8일

지은이	김영훈
펴낸이	이기봉
편집	좋은땅 편집팀
펴낸곳	도서출판 좋은땅
주소	서울특별시 마포구 양화로12길 26 지월드빌딩 (서교동 395-7)
전화	02)374-8616~7
팩스	02)374-8614
이메일	gworldbook@naver.com
홈페이지	www.g-world.co.kr

ISBN 979-11-388-4574-8 (03810)

- 가격은 뒤표지에 있습니다.
- 이 책은 저작권법에 의하여 보호를 받는 저작물이므로 무단 전재와 복제를 금합니다.
- 파본은 구입하신 서점에서 교환해 드립니다.